UN SILENCE
UN PEU TROP BRUYANT

Un silence
un peu trop bruyant

M. Malesthy

Édition : BoD • Books on Demand GmbH, In de
Tarpen 42, 22848 Norderstedt (Allemagne)
Impression : Libri Plureos GmbH, Friedensallee
273, 22763 Hamburg (Allemagne)
ISBN: 978-2-3224-8666-3
Dépôt légal : octobre 2024

Sommaire

ÉCRIRE

Ce soir j'ai tenté d'écrire,
de placer des mots les uns derrière les autres.
J'ai tenté de trouver un sens,
de trouver des mots justes.

Et si on se plongeait dans nos souvenirs,
juste le temps d'une mélodie.

Qu'on arrêtait de se mentir,
sur nos propres ressentis.

Et si on essayait de ne plus se fuir,
juste le temps d'une vie.

*J'ai retracé une partie de ma vie
à travers ces écrits*

C'est un peu le désordre dans ma tête, je l'admets,
je me suis perdue tant de fois dans mes pensées.
Alors j'ai posé mes maux sur ce bout de papier,
j'ai laissé mon cœur se livrer.

J'ai noirci ces pages blanches
pour éviter que mon âme ne flanche.

Écrire ce que je ne peux dire oralement.

J'ai écrit parce qu'on ne m'entendait pas.

J'ai écrit pour éviter de parler.

J'ai écrit pour noyer ma peine, ma douleur.

J'ai écrit pour soulager mon cœur, pour le libérer d'un poids qui devenait trop lourd à porter. Il n'avait plus la force d'encaisser plus longtemps.

J'ai écrit pour sortir du silence. Ce silence pourtant bien bruyant, bien agité.

J'ai écrit pour affronter la réalité, cette réalité. Faire face aux obstacles presque infranchissables.

J'ai écrit pour affronter la mort, le deuil. Pour garder une trace, pour marquer mon passage.

J'ai écrit sans savoir où mes mots me mèneraient. Sans savoir s'ils auraient un impact suffisant pour changer de route.

J'ai écrit dans l'espoir de changer mon monde, dans l'espoir que cette fois, on puisse m'entendre.

J'ai réuni mes maux sur ces pages
avant qu'ils ne fassent des ravages.

Un clavier,
un bout de papier,
prête à exprimer,
tous ces maux ignorés
durant toutes ces années.

Et puis,
Ce recueil est né.

DEUIL

À celui qui a bouleversé ma vie,
À celui qui l'a changée et rendue plus belle

À mon étoile.

Durant des années j'ai écrit sur toi.
J'ai laissé mon âme se libérer de cette peine.
J'ai laissé mon cœur parler
mais ça n'a pas suffi.
Parce qu'encore aujourd'hui j'écris sur toi,
le cœur serré,
la gorge nouée.
J'écris sur toi
et ce n'est pas près de s'arrêter.

À travers ta mémoire, j'ai essayé de faire de l'art,
de construire un monde à part,
quelque chose de beau.

Tes yeux valent tout l'or du monde,
J'aimerais ne jamais m'en défaire.

M'avait-il dit.

Et si on repartait de zéro,
là où tout a commencé,
là où nos chemins se sont croisés.
Cet instant où tout était beau.

Tu m'as appris à vivre avec ta présence
chaque jour qui passe,
chaque seconde.

Mais tu ne m'as pas appris à vivre avec ton absence,
ni avec les souvenirs,
compagnons du passé.

J'aimerais te voir face à moi,
entendre une dernière fois ta douce voix.
Sentir ta présence
et non le vide que provoque ton absence.

J'aimerais pouvoir te confier mes plus lourds secrets
et t'exprimer mes pires regrets.
Car il est vrai que je ne révèle pas ce que ressent mon cœur,
mais surtout qu'il se meurt.

J'aimerais sentir tes bras qui m'enlacent
et que mes larmes tu les effaces.
Que tu fasses disparaître ma rage
pour ensuite sourire devant ton si doux visage.

J'aimerais te retrouver,
être à tes côtés,
bâtir d'autres souvenirs,
et y construire mon avenir.

Oui j'aimerais que tu sois là
au moins encore une fois.
Que je puisse te dire à quel point tu manques à ma vie.

Parce que tu resteras mon meilleur ami,
même si tu as rejoint les cieux,
tu seras le seul à mes yeux.

Je refuse d'avancer avec la présence de nos souvenirs qui me rappelle sans cesse ton absence.

Je manque d'air depuis que tu es parti,
j'crois que j'ai le cœur meurtri.

.

J'ai rêvé de tes bras, de ton corps contre le mien. De ta douce voix pour apaiser mon cœur. De tes mains entrelacées aux miennes. J'ai rêvé de ce toi et moi, tu sais, celui qui peinait à se transformer en "nous". De celui qui comptait tant. Un regard posé lors d'un trajet de bus et l'histoire prend vie. Nos cœurs s'aimaient bien plus que l'on aurait pu l'imaginer. Nos âmes liées, inséparables. Et pourtant. Erreur fatale. La peur de perdre une partie de toi.

Et j'ai rêvé de faire l'autre choix, celui qui aurait donné vie à ce nous. Tu sais, celui que tu souhaitais tant connaître. Crois-tu que tu m'aurais pardonné, si la mort ne t'avait pas enlevé ? Si ton cœur n'avait pas cessé de battre ?

Je repense à cet instant où tu m'as enveloppé dans tes bras et où tu m'as assuré que tout se passerait bien. Cet instant où sans le savoir je te voyais pour la dernière fois.

Je repense à cette discussion qui nous a poussés à prononcer des paroles insensées. Cette discussion qui, sans le savoir, était notre dernière.

Je repense à ce moment où on se disait que rien ne nous séparerait. Peu importe ce qui se passerait entre nous. Où on disait que, quoiqu'il arrive, on se retrouverait, comme à chaque fois, sans imaginer que la vie nous séparerait à tout jamais.

Tu lisais en moi comme dans un livre ouvert.
Tu déchiffrais ma douleur avec une telle précision,
que même sans parler,
tu comprenais ma détresse.

Ce soir-là, les larmes ont coulé.
J'ai eu l'envie de crier,
déverser tout ce que j'avais en moi
afin de m'évader ne serait-ce qu'une fois.

Ce soir-là, mon cœur s'est brisé.
J'ai fini par réaliser,
J'ai compris que tu étais parti
et que tu ne reviendrais pas dans ma vie.

Ce soir-là, j'ai craqué.
Je n'ai pas réussi, je me suis totalement effondrée.
Je me sens comme abandonnée.
J'aurais souhaité que tu sois encore là
auprès de moi, que je sois dans tes bras.

Ce soir-là, tout s'est écroulé.
Intérieurement j'ai explosé. J'ai voulu hurler,
je ne souhaitais que de te retrouver.
Mais c'était impossible de tout changer.
Tu as rejoint le paradis,
et tout a été fini.

Et ce soir-là, je me suis retrouvée,
totalement désespérée,
ne sachant plus lutter,
avec deux deuils sur la conscience,
avec comme seul remède la patience
et quelque peu d'espérance.

Pourquoi as-tu si peur de la mort ?

Parce qu'elle ne prévient pas. Elle vient un beau jour, elle t'arrache la vie puis elle repart aussitôt, sans prévenir.

**Expliquez-moi comment accepter son départ quand elle
a été votre seul espoir ?**

- à ma plus belle étoile.

De petits fragments de toi
éparpillés un peu partout dans mon cœur.
Le temps m'a filé entre les doigts
laissant derrière lui tant de rancœur.

Je me demande sans cesse ce que serait cette vie
si tu n'avais pas rejoint les cieux
et que serait cette âme meurtrie
si je n'avais pas dû te dire adieu.

Comment c'est là-haut ?
Est-ce que c'est beau ?
Je t'avoue qu'ici j'ai un peu perdu mes repères.
Sans toi, cette vie me semble étrangère.

Je peine à retrouver mon chemin,
après tout c'était peut-être le destin.

Mon cœur s'est condamné à vivre avec ton souvenir,
refusant définitivement de le laisser partir.

Et peut-être que je refuse ce deuil de peur que ton image s'efface au fil du temps qui passe.

Et peut-être que je crains de faire ce deuil de peur de t'oublier, de peur de renoncer.

C'est absurde quand j'y pense,
je m'adresse à toi
comme si tu étais là.
Mais on sait tous que ça n'a pas de sens.
Tu as rejoint les cieux,
je devrais juste te dire adieu.
Faudrait que j'avance
mais j'ai l'cœur qui balance.
Faudrait que je me repose
T'sais, juste lâcher prise un instant,
avant que le cœur explose.
J'crois qu'il est temps.

*Je laisse les larmes couler
sans toi pour les effacer.*

Je pourrais passer des jours à écrire sur toi
pour combler ton absence, que cela ne changerait rien.

Je te cherche, à travers cette étendue de petites lumières. Je te cherche, parmi la foule d'étoiles scintillantes. Je te cherche, en vain. La tête remplie de souvenirs, je ne cesse d'imaginer ton doux regard, ton sourire ou encore ton visage qui respirait la joie de vivre. J'aimais te regarder durant des heures entières, sans jamais prononcer un mot. J'aimais t'écouter parler, entendre le son de ta voix pour qu'elle résonne dans ma tête. À vrai dire, j'aimais tout de toi, mis à part ton absence qui n'était jamais la bienvenue dans mon cœur. Et pourtant, aujourd'hui, il est contraint de côtoyer ton absence chaque jour, chaque seconde qui s'écoule. Sans pouvoir s'y opposer. Alors chaque ciel étoilé, je te cherche, dans l'espoir d'obtenir un signe.

Je l'aimais.
Personne ne l'a jamais su,
pas même moi.

*Cette vie manque de couleurs
depuis ton départ.*

C'était la lumière
qui éclairait mon sombre monde.

J'aurais pu laisser mon cœur se livrer à cette page blanche, rien qu'un instant. Qu'il se libère de la douleur qui l'envahissait ce soir-là. J'aurais pu étaler la souffrance que ton absence provoque en moi à chaque instant. Cette souffrance que j'essaie tant bien que mal de surmonter. J'aurais pu laisser les maux sortir en folie, en espérant qu'ils aient un minimum de sens. Mais je n'avais pas le courage par peur de louper une marche lors de ma remontée. Je n'avais pas la force d'affronter une fois de plus cette réalité inacceptable. Cette réalité qui me pousse dans les souvenirs sans vie. Ceux qui resteront gravés mais resteront douloureux vis-à-vis de ton absence. Je n'avais pas le mental pour supporter un drame constant qui occupe ce cœur sensible. Pour surmonter ce manque que tu as créé depuis le jour où tu as disparu. Oui j'aurais pu crier au monde entier que je me voilais la face. Mais je n'ai pas réussi.

J'aurais préféré ne jamais être inspirée,
ne jamais remplir ces pages en pensant à toi.
Les laisser blanches,
complètement vides
et t'avoir encore auprès de moi.

Il a été le remède
à ce poison destructeur.

Il m'a appris à surmonter chaque obstacle
sans jamais baisser les bras.

Même du ciel,
tu resteras le meilleur élément de ma vie.

Je te vois à travers la foule de passants qui s'agitent.
À travers ce brouillard qui s'étend sur l'horizon.

Je te vois dans le reflet de cette flaque d'eau
ou encore dans celui des baies vitrées de cette rue.

Je te vois marcher à côté de moi,
sans me lâcher du regard.

Je te vois, partout et nulle part
comme si tu étais encore là,
quelque part dans cette vie.

Tu m'as laissée là,
la tête remplie d'incompréhension
et tu es parti
sans donner d'explications.

J'me suis longtemps demandé pourquoi
sans comprendre cette soudaine tension.
Et encore aujourd'hui
je reste en pleine confusion.

Tu sais, ça a toujours été toi,
celui que je regardais avec tant d'admiration.
Je n'ai jamais voulu que ça se termine ainsi.
Tu étais ma plus belle détermination.

Mais tu m'as laissée là
pour rejoindre cette destination,
celle que l'on nomme Paradis.
Une terrible disparition.

Je crois que le plus difficile dans tout ça, c'était ton absence permanente. Je ne voyais plus l'intérêt de me battre si c'était pour vivre dans un monde où tu n'y étais pas. Cela me semblait impossible. C'était si dur d'affronter ce chaos sans toi. Puis j'ai fini par comprendre que je n'avais pas vraiment d'autres choix que de vivre avec. Que la vie continuait sa route, et que je devais continuer la mienne si je ne voulais risquer de me perdre. Je devais te pardonner pour avoir quitté ce monde d'un coup fatal, me pardonner pour toutes ces erreurs commises, pour tous les faux pas.

Apprendre à aimer la vie sans toi pour l'embellir.

Je t'ai attendu toute la soirée,
j'ai espéré ta venue si longtemps.
Mais tu n'es jamais revenu.
Tu n'as jamais donné signe de vie.
Et j'ai compris, ce soir-là,
que tu ne reviendrais jamais.

Mais ça restera toujours dans un coin de la tête,
ancré dans la mémoire.
On n'oubliera pas,
qu'il a compté bien plus que l'on aurait imaginé.

Tu resteras ma plus belle source d'inspiration
peu importe le nombre d'années écoulées.

Souffrance

Plus j'essayais de le fuir
plus mon passé me rattrapait.

Il est comme accroché à moi.
Il ne me quitte jamais.
À la moindre faille,
il revient,
il s'installe,
il me renvoie un flashback de toutes ces années.
Il fait ressurgir la douleur
puis il repart
comme si de rien n'était.

Mais je ne trouve plus le refuge dans lequel j'avais pour habitude de me rendre. C'était comme si, en un instant, les portes s'étaient refermées. Me laissant dehors, désarmée.
Je me retrouvais donc à déambuler dans les rues sombres de ma ville, cherchant un nouveau refuge, un endroit qui voudrait m'ouvrir ses portes.

L'espoir fait vivre,
pas vrai ?

Alors pourquoi m'a-t-il tuée ?

Je ne sais pas ce qu'il y avait de plus dur
entre
te voir partir
ou
rester seule avec nos souvenirs

J'crois que ça ne changera jamais
même après tant d'années.

C'est comme un cercle vicieux duquel je ne peux m'extirper. Vouée à revivre le même schéma, je n'y vois aucune issue, aucun moyen de me sortir d'ici. Il me consume à petit feu, s'imprégnant de mon être. Je suis prise au piège, seule face à moi-même.

Ce n'est pas par vague, non, c'est là, constamment.
C'est gravé en moi.

Comment rendre les souvenirs plus beaux lorsqu'ils ne
contiennent plus aucune once de magie ?

Je n'ai jamais pris la bonne direction,
plus j'avance et plus je m'éloigne de l'arrivée.

J'ai besoin de croire que mon monde
ne s'écroule pas sous mes yeux.

J'ai ce goût d'inachevé dès que j'y pense.

Mais je craignais qu'au moindre faux pas je perde ce que j'avais de plus précieux. Je craignais qu'une parole détruise tout. Qu'un mot de trop saccage mon bonheur. J'avais peur, alors je me suis plongée dans un profond silence. Et j'ai observé, encaissée, sans rien dire.

L'espoir d'un changement parti en fumée.
Il était trop tard pour recoller les pots cassés.

Elle appréciait rouler en pleine nuit
pour oublier toutes ses insomnies.
Lâcher toutes ses armes
pour laisser couler ses meilleures larmes.
Elle roulait sans réelle intention.
Ou cherchait-elle la mauvaise direction ?
Cherchait-elle à couper le cordon ?
Entre l'erreur et le pardon ?

Ils ne l'ont jamais prise au sérieux.
Jusqu'au jour où elle est partie
et qu'elle a prouvé à tous qu'ils avaient tort.

Et j'ai voulu disparaître,
ne plus revenir,
effacer la douleur qui me brûlait peu à peu.
Oublier qu'un jour,
lui aussi était parti.

J'avais besoin de poser des mots sur la douleur, de soulager ma conscience un instant, de tout lâcher. J'avais besoin de me séparer d'elle, même si elle reviendrait, il fallait que je l'éloigne, le plus possible.

Ce n'était pas toi,
ça n'a jamais été toi.

Je me demande souvent ce que
seraient nos cœurs si on avait
vécu séparément ?

Sûrement que le mien n'aurait
pas été brisé en mille morceaux.

Et j'ai attendu un retour qui n'arriverait jamais.

**À trop espérer
j'ai fini par me détruire.**

Minuit,
je visais les étoiles
mais j'ai touché la foudre.

J'ai appris que dans n'importe quelle situation tout peut s'écrouler en une fraction de seconde. Qu'elle peut commencer dans un rêve pour finir dans un cauchemar.

Quand est-ce que tu arrêteras de fuir ?

Lorsque je n'aurai plus peur d'aimer.

J'avais détruit mon propre monde.
Et j'en étais consciente.

J'ai relu cette page des milliers de fois pour essayer de comprendre le problème.
Mais je n'ai jamais trouvé de réponses.

Les rues de mon cœur sont un vrai champ de bataille.

Pour toutes ces promesses inachevées,
pour ces mensonges,
Auxquels j'ai cru naïvement.

Ces marques étaient le signe d'un long et douloureux combat interminable.

J'ai compris que cette douleur ne partirait pas.
Qu'elle resterait là encore et encore.
Je devais l'accepter
et cesser de la renier,
quoiqu'il m'en coûte.

*Je vagabonde d'humeur en humeur
pour tenter de me retrouver.*

Prends-moi la main
emmène-moi loin.

Loin de toute cette souffrance
avant de perdre la cadence.

J'voulais pas me perdre dans cet amas de haine.
Je souhaitais juste sauver cette âme en peine.

Je voulais juste fuir
pour éviter de me nuire.

Dis-moi que tout ira bien,
que ce n'est rien,

que ma rage n'est que de passage
et que j'arriverai à tourner la page.

Prends-moi la main
emmène-moi loin,
sans penser à demain.

Et c'est ainsi que tout prend fin.
La gorge nouée,
c'est ici que je te laisse partir,
pour guérir de mes blessures.

Guérison

J'ai souhaité un nouveau départ.
Celui qui pourrait guérir mes plaies,
celui qui soulagerait mon cœur,
celui qui
M'empêcherait de retomber.

Je me raccroche à l'espoir qu'un jour,
Je réussirai à me pardonner.

J'ai pris conscience que tout ce qui s'est passé restera dans le passé. Que l'on ne pourra rien changer, juste améliorer le futur à notre façon, de sorte à le rendre plus beau, plus vivant.

Mais on y parviendra
coûte que coûte.
Même si on doit traverser des tempêtes,
encore et encore,
même si on doit tomber une énième fois.
On se relèvera
et on continuera de se battre
pour avoir la vie qu'on mérite d'avoir.
On y parviendra
coûte que coûte.

Reste toi-même,
il n'y a pas plus beau.

Je t'admire
pour ta force,
pour ta lutte malgré les coups bas.

Je t'admire
parce que même à terre,
tu n'abandonnes pas.

J'ai aperçu la lune ce soir, elle est si belle.
Elle me rappelle quelqu'un que j'admire tout autant.
En l'occurrence, toi.

Tu caches ta peine, enfouie ta douleur au fond de toi, tu ignores les « pourquoi » et te contentes d'un simple « t'en fais pas ». Tu affiches ton plus beau sourire en public pour te prouver que tout ira bien. Tu pourrais ignorer ta propre douleur pour soigner celle d'un autre. Sacrifier ton bonheur pour le sourire d'un être cher. Tu passes ton temps à regarder les étoiles dans l'espoir qu'il te regarde et qu'il veille sur toi. Tu penses n'être qu'une personne banale qu'on oubliera dans quelque temps, qui n'aura aucun impact dans la vie des autres. Mais si tu veux tout savoir. Tu es loin d'être une personne banale, bien au contraire. Tu es le genre de personne qu'on n'oubliera jamais. Tu es cette personne qui laisse une trace sur son passage, qui marque les cœurs, qui restera gravée dans les mémoires même des années plus tard. Tu es cette personne qu'on pourrait aimer toute une vie. Tu n'es pas comme tous ces gens qu'on croise dans la rue, tu es même le genre de personne exceptionnelle qu'on croise qu'une fois dans sa vie.

*Quand j'y pense tu avais bien raison,
la vie est bien meilleure sans toi.*

Ce soir-là j'ai compris que je pouvais avancer sans toi. Qu'un autre pouvait occuper mon cœur et surtout que j'étais capable d'aimer de nouveau. Sans crainte, sans douleur. Que la vie ne s'était pas arrêtée.

Disparu des radars,
tu as fini par quitter les lieux de mon cœur.

Sortir de cette boucle infernale
une bonne fois pour toutes
et cesser de survivre.

Et pour la première fois depuis des années,
mon cœur avait eu raison de ne pas abandonner.

À toi,
À nos souvenirs,
À nos combats

- petit cœur.

Merci,

À mes étoiles,
Qui ont marqué ma vie chacune à leur manière. À elle, la plus belle étoile de mon ciel, celle qui me manquera à chaque instant. Celle qui m'a tout appris. Qui m'a apporté les plus beaux souvenirs. La femme la plus merveilleuse et la plus forte. À lui, qui m'a fait voir la vie en couleurs quand tout s'écroulait autour de moi. Celui qui m'a prouvé que j'étais capable de m'en sortir. Celui qui était prêt à tout pour mon bonheur, pour me protéger. Il aura gravé son nom dans ma mémoire à jamais. Puis à ma dernière étoile, même si les écrits le concernant seront dans le prochain recueil, une mention spéciale était nécessaire.

À mes proches,
Pour leur patience, leur présence. Pour tout le bien-être qu'ils m'apportent chaque jour. Ils n'ont jamais réellement su, mais sans eux, je ne me serais jamais relevée.

À vous,
Mes petites merveilles,
Pour m'avoir suivi depuis toutes ces années, pour m'avoir prouvé, que mes écrits étaient légitimes et méritants. Je ne pensais pas un jour, avoir le courage de sortir un recueil. Mais votre présence et votre soutien m'ont permis d'y croire. Et aujourd'hui, ce recueil voit le jour.

Et bien évidemment, merci à Eriel (@eriel_quill) qui a eu la bienveillance de me suivre dans la correction et la relecture de ce livre. Une aide précieuse qui m'a permis d'en arriver là aujourd'hui.